CONSULTATION

POUR LES SOUSCRIPTEURS

AUX

EMPRUNTS MEXICAINS

SUR

LA RESPONSABILITÉ DU GOUVERNEMENT

ET DES BANQUIERS NÉGOCIATEURS

Par Me FORFELIER, Avocat-Avoué.

PRIX : 2 FRANCS

CHEZ L'AUTEUR :
- 1° A MANTES (SEINE-ET-OISE);
- 2° A PARIS, RUE DE RIVOLI, 206.

ET CHEZ TOUS LES LIBRAIRES DE PARIS, BRUXELLES & LONDRES

NOTA. Pour recevoir *franco* cette Consultation, envoyer 2 fr. en bons de poste à M. FORFELIER. *(Affranchir.)*

1866

CONSULTATION

POUR LES SOUSCRIPTEURS

AUX

EMPRUNTS MEXICAINS

SUR

LA RESPONSABILITÉ DU GOUVERNEMENT

ET

DES BANQUIERS NÉGOCIATEURS

Par Me FORFELIER, Avocat-Avoué à Mantes.

Le Conseil soussigné, consulté sur la question de savoir si le Gouvernement français a engagé sa responsabilité vis-à-vis des souscripteurs aux Emprunts mexicains ; après avoir lu tous les documents publiés sur le Mexique, par le *Moniteur universel,* et les discours prononcés par les orateurs du Gouvernement, n'hésite pas à répondre :

Oui, le Gouvernement est responsable !

Il ajoute que, douter de la sollicitude du Gouvernement de l'Empereur et de son intervention efficace, afin d'assurer l'exécution des contrats passés avec le Mexique, et, en cas d'impossibilité matérielle, afin d'indemniser les souscripteurs, c'est lui faire injure.

§ Ier.

Le Gouvernement de l'Empereur est un Gouvernement sage, loyal, juste, fort et puissant ; fondé à l'origine par les sympathies et les espérances du peuple, il repose aujourd'hui sur son affection.

Cette réputation de sagesse, de loyauté, de justice, de force et de puissance, et cette affection du peuple, qui lui donnent une si haute prépondérance, sont des avantages d'une telle importance, qu'on peut être assuré qu'il ne fera rien pour les compromettre.

Il sait, d'ailleurs, mieux que qui que ce soit, par quels moyens il conservera ces biens inappréciables : par la protection efficace des droits et intérêts de tous ceux qui lui ont donné leurs suffrages et lui ont confié leurs destinées.

Car il est leur mandataire, investi par eux d'un pouvoir sans pareil, avec les forces et tous les moyens propres à empêcher qu'ils soient victimes des piéges, des embûches, des vexations, de la tyrannie et des spoliations des autres Gouvernements.

C'est pour cela qu'il a une initiative absolue, qu'il dispose d'une grande armée, d'une marine puissante, qu'il a des agents diplomatiques, des ministres qui ont l'œil ouvert partout, et un budget de 1,800 millions.

Il est par son chef, par son initiative souveraine, par ses conseillers et par toutes les illustrations qui l'entourent, le Sénat, le Corps législatif, le conseil d'Etat, — par ses orateurs et ses hauts fonctionnaires, par ses journaux, par tous les organes de publicité, qui ne peuvent s'établir qu'avec son autorisation, et qui n'existent que par son bon vouloir, — il est, dis-je, le guide, la lumière et le génie du peuple. — C'est par lui que le peuple voit, pense, délibère, juge et agit.

Sa parole ne saurait être trompeuse; elle est toujours droite et ferme, elle est sacrée! il aime qu'on y croie, et nous y croyons;

Et il ne viendrait à l'esprit d'aucun bon citoyen de s'en défier.

Aussi, la manifestation de cette parole quand elle se produit, ses recommandations, sa sollicitude en faveur de telle ou telle entreprise, ou de tel ou tel établissement, ou de telle ou telle souscription, sont, pour nous tous, des gages de sécurité devant lesquels toutes nos hésitations disparaissent, et nous courons vider nos bourses en toute confiance, certains, lorsque nous sommes avec notre Gouvernement, que nous ne pouvons pas être abusés.

Rassurons-nous donc!

Et, cela dit, rappelons le principe de droit, écrit dans le Code qui porte le nom auguste de « Napoléon ».

« Tout fait quelconque qui occasionne un préjudice oblige à réparation. »

Cette règle que, chaque jour, les Tribunaux appliquent aux particuliers, est-elle applicable au Gouvernement?

La loi ne fait pas d'exception.

Et comment pourrait-elle faire une exception?

Les Gouvernements ont charge des droits et des intérêts de leurs administrés.

Institués pour faire exécuter les lois, ils doivent, les premiers, donner l'exemple du respect et de la soumission à tous les grands principes de justice et d'équité.

Chargés de protéger les personnes, leurs droits et leurs intérêts, comment pourrait-on admettre que ces droits et ces intérêts puissent être impunément compromis par eux?

Si par leur fait — je ne vais pas jusqu'à dire, par leur faute — ces droits et ces intérêts sont compromis, pour quelle raison, donc, échapperaient-ils à la responsabilité?

Où est la loi qui les en affranchit?

Est-ce que les pertes occasionnées aux citoyens par les effets de la guerre ne sont pas toujours réparées par les Gouvernements?

Est-ce qu'un Gouvernement peut, comme un simple particulier, se retrancher derrière des subtilités de droit et plaider qu'il n'a pas pris l'engagement d'indemniser ?

On lui répondrait d'abord, qu'au fait qui engendre le dommage est attachée l'obligation de le réparer, et que, pour cela, il n'est pas nécessaire de convention !

Inutile de citer tous les jurisconsultes et la loi elle-même, qui disent qu'il y a des engagements qui se forment sans convention : c'est une vérité élémentaire que nul ne peut contester.

On répondrait ensuite aux Gouvernements constitutionnels — je ne parle pas des Gouvernements absolus — que leur plus grand intérêt, et par conséquent l'intérêt des peuples qu'ils gouvernent, est de ne négliger aucune précaution de se ménager et d'entretenir l'affection de tous les citoyens ; que l'injustice a des explosions, souvent inexplicables ; qu'elle dépose dans le fond des cœurs des levains invisibles qui s'aigrissent en fermentant et qui produisent trop souvent des effets terribles.

Multiplier les injustices, c'est répandre de mauvais levains et se préparer la désaffection des peuples.

Or, voici la question qui s'est posée en France, au Tribunal de l'opinion publique, et non pas seulement devant tous les souscripteurs des Emprunts mexicains, mais encore devant tous les citoyens qui pensent, électeurs et contribuables, jaloux de la popularité et de l'honneur du Gouvernement.

Le Gouvernement est-il responsable des Emprunts mexicains ?
Comment doit se traduire sa responsabilité ?

Que chacun mette la main sur sa conscience et réponde :

Sans la guerre faite au Mexique pour secourir un intérêt de 60 millions dus à nos nationaux et obtenir raison des méfaits de son gouvernement ;

Sans les emprunts faits par le Mexique :

    1° Pour faciliter le payement de nos frais de guerre ;

    2° Pour payer cette dette de 60 millions ;

Sans l'intervention du Gouvernement et de la presse qui est sous sa dépendance, sans leur interposition pour nous engager à souscrire, en faisant reluire à nos yeux tous les avantages de cette opération financière, la richesse du Mexique, la sécurité de son nouveau gouvernement, l'intérêt à 10 pour 100, les remboursements avec prime, les tirages semestriels avec lots de 10, de 50 et de 500,000 francs;

En faisant assurer : 1° que les ressources du Mexique garantissaient la fidèle exécution de ses contrats ; 2° que notre armée ne quitterait pas le Mexique qu'il ne fût pacifié, c'est-à-dire que tout n'y fût dans des conditions certaines d'existence pour le nouvel état de choses qu'il y avait établi ;

Répondez ! Sans tout cela, un seul d'entre nous aurait-il prêté son argent à l'empire de Maximilien ?

Eh bien, non ! pas un d'entre nous n'aurait prêté d'argent !

Et pourquoi ?

Parce que pas un d'entre nous n'aurait eu la moindre confiance dans l'établissement de cet empire, s'il n'avait pas été fondé par nos armes et par le sang de nos soldats, et par la parole et la volonté de la France que nous ne pouvons pas séparer de son Gouvernement, et avec le concours du Pouvoir législatif ;

Il a été fondé, cet empire, par la volonté de la France ou de ses mandataires, c'est la même chose, et il a fallu le soutenir.

Dans l'intérêt de qui a-t-il été fondé ?

Est-ce dans l'intérêt du prince Maximilien ?

Non, il a fallu aller le solliciter à Miramar !

Est-ce dans l'intérêt des Mexicains ?

Non, ils s'étaient trop mal conduits vis-à-vis de nous !

Il a donc été fondé dans l'intérêt français uniquement et en vue de nous assurer le payement de la dette mexicaine — 270 millions, au 11 avril 1864 — et créer un marché de 8 millions de consommateurs pour notre commerce dans ces contrées étrangères.

Il a donc fallu soutenir cet empire dans notre intérêt.

Mais, pour le soutenir, trois choses étaient nécessaires :

De l'argent, des administrateurs habiles et des soldats.

Demander directement de l'argent et des soldats au Corps législatif dans des proportions correspondantes aux besoins de ce nouvel empire, c'était courir des risques; l'expédition du Mexique avait été violemment attaquée par les orateurs de l'opposition.

Pour ne pas courir ces risques et procurer à l'empereur Maximilien de l'argent, des soldats et des administrateurs, il est évident que le Gouvernement français lui a dit :

« Vous ouvrirez des emprunts en France, je les autoriserai, j'en prendrai ma part, je les favoriserai de mon pouvoir ; le peuple français est riche, il m'aime, il m'est dévoué, je possède sa confiance, je suis moi-même intéressé au succès des Emprunts mexicains pour le recouvrement de la créance française, et je les recommanderai. »

Et alors, que s'est-il fait ?

Laissons parler les organes du Gouvernement, pour juger en droit, après avoir jugé en conscience, s'il est responsable au regard des souscripteurs.

Tout s'est dit, s'est produit et s'est fait pour nous inspirer une entière confiance dans l'empire du Mexique, et par conséquent dans l'accomplissement des obligations prises envers nous.

1°

C'est d'abord la parole de l'Empereur Napoléon dans le discours d'ouverture des Chambres, le **6 novembre 1863**.

Sa Majesté s'exprime ainsi :

« Certes, la prospérité de notre pays prendrait un essor
« plus rapide si des préoccupations politiques ne venaient
« la troubler : mais, dans la vie des nations, se produisent
« des événements imprévus, inévitables, qu'elles doivent
« envisager sans crainte et supporter sans défaillance. De
« ce nombre sont : la guerre d'Amérique, *l'occupation*
« *obligée* du Mexique et de la Cochinchine, l'insurrection
« de Pologne.

« Les expéditions lointaines, objet de tant de critiques,
« n'ont pas été l'exécution d'un plan prémédité ; *la force*
« *des choses* les a amenées, et *cependant elles ne sont pas à*
« *regretter*.

« Comment, en effet, développer notre commerce exté-

« rieur si d'un côté nous renoncions à toute influence en
« Amérique, et si de l'autre, en présence des vastes
« territoires occupés par les Anglais, les Espagnols et les
« Hollandais, la France restait seule, sans possessions, dans
« les mers d'Asie?

« Nous avons conquis en Cochinchine une position qui,
« sans nous astreindre aux difficultés du gouvernement
« local, nous permettra d'exploiter les ressources immenses
« de ces contrées et de les civiliser par le commerce.

« Au Mexique, après une résistance inattendue, que le
« courage de nos soldats et de nos marins a surmontée,
« nous avons vu les populations nous *accueillir en*
« *libérateurs. Nos efforts n'auront pas été stériles*, et nous
« serons *largement dédommagés* de nos sacrifices lorsque
« les destinées de ce pays, qui nous devra sa régénération,
« auront été remises à un prince que ses lumières et ses
« qualités rendent digne d'une aussi noble mission.

« *Ayons donc foi dans nos entreprises d'outre-mer;*
« commencées pour *venger notre honneur*, elles se termi-
« neront par le TRIOMPHE DE NOS INTÉRÊTS. »

Vous voyez : « *L'occupation du Mexique était obligée* ».

« La force des choses a amené les expéditions lointaines :
« elles n'ont pas été l'exécution d'un plan prémédité, et
« elles *ne seront pas à regretter.* »

« Nos efforts *n'auront pas été stériles*, et nous serons
« largement dédommagés de nos sacrifices lorsque les
« destinées de ce pays, qui nous devra sa régénération,
« auront été remises à un prince que ses lumières et ses
« qualités rendent digne d'une aussi noble mission. »

« *Ayons donc foi* dans nos entreprises d'outre-mer;
« commencées pour venger notre honneur, elles se termi-
« neront par le triomphe de nos intérêts. »

C'est la France qui dit cela par la bouche de son souverain; et la France, par ses représentants, applaudit à ces paroles.

On lit, en effet, dans le *Moniteur :* « Le discours de l'Empereur a été plusieurs fois interrompu par les marques d'approbation de l'Assemblée, et s'est terminé au milieu des cris prolongés de : *Vive l'Empereur!* »

2°

C'est ensuite l'exposé de la situation de l'Empire (*Moniteur* du 13 novembre 1863), où nous avons lu : « Un intérêt français évident et impérieux pouvait seul déterminer le gouvernement de l'Empereur à s'engager dans une entreprise dont *il avait pesé d'avance les sacrifices et les difficultés.* Il avait entrevu, en outre, le salut du Mexique comme une conséquence possible de l'expédition militaire à laquelle il était *contraint.* Les dispositions du pays et la sagesse de l'archiduc Maximilien autorisaient à cet égard TOUTES LES ESPÉRANCES. »

3°

Le Sénat, ce corps composé de tant d'illustrations, que répond-il au discours de la Couronne?

« La force majeure impose souvent des *sacrifices* à une nation qui
« veut faire respecter son nom et garder son rang dans le monde. La
« France espère cependant être couverte de ses avances par l'indem-
« nité de guerre que Votre Majesté exige du Mexique. La générosité
« n'empêche pas le droit et la justice.

« Du reste, tout, dans les documents, contredit l'hypothèse que
« l'expédition aurait été conçue pour créer un empire mexicain sous
« le sceptre d'un prince étranger; il ne faut pas prendre pour une
« cause ce qui n'est qu'une fin possible. *Protéger nos nationaux, dé-*
« *fendre notre honneur et nos intérêts,* frapper un coup décisif dans un
« pays lointain, où le commerce nous appelle et *où nous a si souvent*
« *trompés un gouvernement inhospitalier,* tel a été le but fondamental
« et patriotique de l'Empereur. La France est une démocratie
« ardente au travail, qui se consumerait dans une activité stérile, si,
« manquant d'une vaste expansion, elle était obligée de se replier sur
« elle-même. — C'est pour favoriser son immense labeur que Votre
« Majesté s'est occupée d'étendre par des traités ses relations com-
« merciales. C'est également veiller pour elle que de lui ouvrir des

« débouchés, de lui créer, au-delà des mers, des communications
« sûres, et de montrer ses spéculations et son industrie *puissamment*
« *protégées* par la main de la France. Ce que désirent maintenant
« Votre Majesté et le pays, c'est que l'entreprise, glorieusement com-
« mencée, reçoive, le plus tôt possible, *une solution digne de l'Em-*
« *pereur et des intérêts français.* »

4°

Et, au Corps législatif, que se passe-t-il ?

L'opposition présente un amendement ainsi conçu : « Nous voyons avec peine que le Gouvernement persiste dans l'expédition du Mexique. Nous ne pouvons nous associer à cette ruineuse entreprise, et nous sommes les interprètes de l'opinion publique en demandant qu'il y soit mis un terme immédiatement. »

M. de Beauverger combat cet amendement ; il justifie l'expédition et fait la déclaration suivante, que le Gouvernement a confirmée dans la séance du 27 novembre :

« Sous le règne de l'Espagne, c'est-à-dire sous le régime du monopole *et des abus*, le Mexique — ses dépenses *largement payées* — rapportait tous les ans *50 millions* à la métropole. » — *50 millions !* toutes dépenses payées largement.

Dans la séance du 26 novembre, M. le vice-président du conseil d'Etat, orateur du Gouvernement, fait le décompte de la population mexicaine qui est avec la France ; selon lui, la population totale du Mexique peut être évaluée à 7 millions 500,000 âmes. « Sur cette po-
« pulation, la France, dit-il, a aujourd'hui (26 novembre) 5 millions
« 500,000 âmes qui *nous suivent*, qui *reconnaissent notre puissance*, qui
« sont *soumises à nos lois.* » M. le Commissaire repousse donc l'amendement par une double raison :

1° Parce que l'expédition s'achève, que l'ordre se rétablit ;

2° Parce qu'il faut, dans l'intérêt de notre commerce, multiplier les débouchés dans ces pays éloignés.

M. Berryer prend la parole ; il expose, à son point de vue, les périls qui attendent l'empire de Maximilien.

Néanmoins, l'opposition, pressentant l'insuccès de son amendement, déclare le retirer. Mais M. Thiers en présente un plus modéré tendant à exprimer le désir qu'une conclusion prochaine fasse cesser les sacrifices que l'expédition nous coûte et prévienne les complications politiques dont elle pouvait devenir l'occasion.

Cet amendement a été rejeté par 201 voix contre 47 dans la séance du 27 janvier.

Il faut lire le discours prononcé par M. le Ministre d'Etat Rouher, pour comprendre ce rejet et les applaudissements prolongés dont il a été suivi. — Il faut le lire pour comprendre la confiance et la sécurité avec lesquelles nous avons été plus tard souscrire aux Emprunts mexicains.

Ce discours mémorable, comme tous ceux que prononce l'illustre Ministre d'État, n'occupe pas moins de neuf colonnes du grand *Moniteur*. Je demande la permission d'en détacher quelques fragments :

« Nos vœux, les vœux sincères, ardents du Gouvernement, sont
« que l'armée française quitte le plus tôt possible les rivages du
« Mexique.

« Mais ses vœux non moins ardents (*écoutez!*) sont que son hon-
« neur, les intérêts de ses nationaux, la SÉCURITÉ DES ENGAGEMENTS
« QU'IL DOIT FAIRE CONTRACTER AU GOUVERNEMENT MEXICAIN SOIENT SAU-
« VEGARDÉS, avant que nous quittions les rivages du Mexique. »

Et plus loin :

« Est-il vrai que le Mexique ne puisse pas présenter les garanties
« d'un gouvernement régulier? — Est-il vrai qu'une monarchie
« ne puisse pas s'installer dans ce pays qui a tant souffert des agita-
« tions révolutionnaires?

« Quel est-il donc? N'est-ce pas un pays riche? N'est-ce pas un pays que Dieu a doté d'une manière privilégiée? N'y a-t-il pas dans ses régions supérieures de fertiles et immenses prairies où paissent d'innombrables troupeaux ? N'y a-t-il pas dans la zone intermédiaire toutes les cultures de l'Europe et de l'Occident : la vigne, les céréales, tous les produits possibles, et enfin les cultures équatoriales ne se développent-elles pas le long de ses côtes et entre les deux mers ?

« Ce pays est-il donc rebelle à toutes les grandes idées d'ordre et de monarchie? Sa population se compose de cinq millions d'Indiens, population laborieuse, honnête, obéissante, qui se réveille, depuis quelques mois, — heureux symptôme! — pour lutter contre les tentatives de brigandage dont elle est victime, et qui s'arme pour défendre son foyer contre les partisans de Juarez.

« Au-dessus de cette population, n'y a-t-il pas cette race castillane, pure ou mêlée, qui a ses souvenirs, qui peut les recueillir encore, qui peut se demander ce qu'était il y a quarante ans ce Mexique tant ruiné et tant dévasté par l'anarchie ?

« Eh quoi ! il y a quarante ans les gallions qui étaient conduits à chaque port avaient pour unique protection le drapeau espagnol. La prospérité régnait dans cette contrée. Quel était le chiffre des impôts payés par le Mexique ? Il y avait 100 millions d'impôts prélevés par la vice-royauté mexicaine; 100 millions, c'est M. de Humboldt qui le dit, et sur ces 100 millions, 50 millions suffisaient aux besoins de l'administration mexicaine, et chaque année 50 millions étaient portés dans la métropole et venaient enrichir les trésors de l'Espagne. Voilà ce qu'était le Mexique il y a quarante ans, voilà les produits qu'il donnait en 1803, en 1804 et dans les années postérieures.

« Pourquoi voulez-vous donc que cette nationalité, lasse et fatiguée de tant d'anarchie, ne montre pas une énergie, une vitalité qui lui permette de soutenir un trône ? Est-ce qu'elle ne voit pas autour d'elle toutes ces petites républiques ravagées par l'insurrection, dévorées par l'ambition des pouvoirs, et la compétition des influences ? N'a-t-elle pas à côté d'elle cette grande nation qui se déchire dans une guerre civile et fratricide où elle épuise ses forces, sa richesse et son courage ?

« Eh quoi ! il y aurait pour le Mexique impossibilité de relever la monarchie, la monarchie qui l'a rendu heureux avant qu'il ne se constituât en gouvernement républicain ? et plus loin ne voit-il pas cet empire du Brésil, grand et prospère, qui se développe avec une population presque identique à la sienne et qui lui donne l'exemple de la quiétude pour ses relations commerciales, en même temps que celui du développement de sa prospérité ! (Très-bien ! très-bien !)

« Et vous croyez qu'au Mexique on ne pouvait pas songer à instituer une monarchie, que ces populations ne peuvent pas rentrer dans les voies de l'ordre ? mais, enfin, voyons : qu'avons-nous apporté dans ce pays ?

« Nous y avons apporté par notre armée, non-seulement la victoire, mais aussi la civilisation, nous y avons apporté la constitution de ces deux grandes forces sociales, qui sont la base de tout gouvernement, de tout ordre dans un pays. L'armée mexicaine se constitue, et elle a pour exemple notre discipline, notre comptabilité, notre courage; elle grandit en ce moment à l'ombre de notre drapeau. (Très-bien ! très-bien !)

« Puis, il y a la justice. Eh bien, la justice n'est plus au Mexique ce qu'elle était, avant notre intervention, empreinte d'ignorance, de la vénalité la plus honteuse, signe de la dégradation la plus profonde pour une société dégénérée. La justice, elle a grandi aussi, elle est redevenue énergique, sincère et impartiale, sous l'énergique protection de notre général en chef.

« Ne donnons-nous pas encore au Mexique notre organisation financière ? N'y avons-nous pas envoyé nos agents pour développer le ressources de l'impôt, pour y organiser la comptabilité, pour y établir le contrôle, pour y introduire l'ordre et la probité? Croyez-vous que ces enseignements ne soient pas puissants ?

« Et lorsque l'archiduc Maximilien, couronné par le suffrage universel, viendra dire aux partis qui s'agitent dans ce malheureux pays : Je ne suis pas un Européen venant apporter l'influence de l'Occident dans le nouveau monde, je suis un Américain qui épouse les intérêts du Mexique, et je viens, oubliant les passions des partis, poser le drapeau de la conciliation, écarter les réactions, balayer les vengeances, repousser les passions mauvaises et appeler à moi tous les éléments modérés et honnêtes qui constituent la force d'une nation ! Croyez-vous qu'il ne puisse édifier un trône ? Faut-il donc, au moment où ce fils de la maison de Habsbourg, environné de si utiles conseils, — l'honorable M. Thiers le rappelait, il rappelait la haute prudence du roi Léopold, son beau-père, — faut-il, lorsqu'il a le courage d'aller affronter ces difficultés grandes, il est vrai, mais qui peuvent être suivies d'un grand honneur et d'une grande gloire, faut-il que de cette enceinte partent des paroles de découragement ? Faut-il détruire ses espérances, faut-il lui jeter ces paroles : La raison est confondue de tant d'audace, votre entreprise est folle, insensée !

« Non ! Dieu le conduira ! (Très-bien ! très-bien !) Eh ! messieurs, ce n'est pas la première fois que j'entends ces prophéties pessimistes : quand nous assiégions Puebla, au mois de mai dernier, avant que la nouvelle de la prise de cette même ville fût arrivée en

France, — prise qui ne fut pas trop tardive pour notre gloire, mais trop tardive pour empêcher l'exploitation que faisaient de cette lutte les passions mauvaises dans le mouvement électoral, — on annonçait dans Paris et dans la France entière que les approvisionnements manquaient, que Puebla résisterait, que les forces françaises subiraient encore un nouvel échec et une nouvelle humiliation. L'humiliation, elle a été pour les pessimistes ! (Vive approbation.)

« Lorsque nous avons marché sur Mexico, — j'étais hors de France à cette époque : pardonnez-moi ces souvenirs personnels, — de France il arrivait encore des appréciations pessimistes. Juarez avait convoqué toutes les armées de l'intérieur ! il avait formé des légions s'élevant jusqu'à 30,000 hommes ! Mexico serait défendu avec opiniâtreté ! Nos armes subiraient peut-être encore un nouvel affront ! Toutes ces choses étaient dites à l'étranger et troublaient mon esprit, lorsqu'un matin, un télégramme de France m'apporta la nouvelle de la reddition de Mexico... Ah ! messieurs, on ne connaît la grandeur de son pays que lorsqu'on le voit admiré à l'étranger ! (Bravos et triple salve d'applaudissements.)

« Et maintenant laissez-moi vous exprimer ma pensée entière. Les passions s'éteindront, le souvenir des questions d'argent disparaîtra dans le mouvement de la prospérité publique, la vérité se dégagera de ses entraves actuelles, le jour de la postérité viendra ; alors si quelqu'un jette les yeux sur nos débats vieillis et sur nos querelles surannées, s'il prend la plume de l'historien, il dira : celui-là fut un homme de génie, qui, à travers les résistances, les obstacles et les défaillances, eut le courage d'ouvrir des sources de prospérité nouvelles à la nation dont il était le chef. (Applaudissements.) Celui-là fut l'apôtre d'une politique hardie, mais prévoyante et sage, qui ne restreignit pas ses vues à la génération actuelle ; celui-là comprit et son temps et l'avenir, qui reconnut que l'équilibre européen n'est plus comme autrefois sur les Alpes, sur les Pyrénées, sur la Vistule ou sur le Pont-Euxin, mais qu'il embrasse le monde entier et que de si grands intérêts doivent être l'objet de la sollicitude de la France, si loin qu'il faille aller les protéger par le drapeau français.

« Oui, cette page sera glorieuse, et l'écrivain qui la tracera dira, comme le Souverain parlant à la nation assemblée : « *Les expéditions* « *lointaines, commencées pour venger notre honneur, se sont terminées*

« *par le triomphe de nos intérêts!* » (Bravo ! — Applaudissements prolongés.)

5°

Au milieu de ces débats sur l'Adresse, en réponse au discours de la Couronne, quelles étaient les nouvelles publiées par le journal du Gouvernement (*le Moniteur*)?

Nous ouvrons le numéro du 17 janvier 1864 et nous y lisons la confirmation de la nouvelle de l'occupation de trois grandes villes. — « La prise de ces trois dernières places doit entraîner nécessairement « la chute de Guadalajara qui est la seconde ville du Mexique.

« Le fait caractéristique de cette phase de la campagne, c'est la re-
« traite perpétuelle des troupes juaristes, qui cèdent le terrain sans
« oser le disputer à nos soldats.

« Plus de 15 généraux de division,
    « 80 généraux de brigade,
    « 200 colonels! !!

« Et nombre d'autres officiers de tous grades se sont ralliés au
« nouveau Gouvernement.

« Les dépêches signalent la prospérité commerciale qui se déve-
« loppe à Vera-Cruz. Les bâtiments arrivent chaque jour en plus
« grand nombre de toutes les provenances »

Le 3 mars, le grand Moniteur (*journal officiel du Gouvernement*) publie une lettre datée de Mexico le 17 janvier, annonçant que la pacification est complète et que les dernières conditions mises à la venue de l'archiduc Maximilien sont remplies. — Le *Moniteur* ajoute que la capitulation de Campêche a complété l'occupation de toutes les villes et places importantes du Mexique par nos troupes, et que la correspondance du général en chef constate la dispersion du gouvernement de Juarez et de son armée.

Le *Moniteur* ne laisse passer aucune occasion de faire voir que tout va pour le mieux au Mexique, et, le 3 avril, il cite une correspondance du *Times* sur la tranquillité croissante du pays et la reprise des transactions commerciales.

Le 11 avril, il annonce la réception faite la veille par le prince Maximilien dans son palais de Miramar de la députation mexicaine chargée de lui offrir la couronne; il annonce en même temps que l'Empereur et l'Impératrice du Mexique partiront pour leurs nouveaux Etats.

Le 12, il publie les discours prononcés à cette occasion au palais de Miramar.

D'après le discours du président de la députation, « le vote des « notables mexicains qui a déféré la couronne au prince, vote ratifié « par l'enthousiaste adhésion de l'immense majorité du pays, est de-« venu, par sa valeur numérique, « un vote véritablement *national* ».
« Le trône mexicain est destiné à devenir une *source de prospérités*.
« Le *Mexique entier* aspire, avec une indicible impatience, à vous « posséder, dit le président au prince, et vous accueillera avec un *cri* « *unanime* de reconnaissance. »

A quoi le prince répond qu'un mûr examen des actes que la députation est venue lui soumettre lui donnent L'ASSURANCE que la résolution des notables de Mexico est confirmée par l'immense majorité des Mexicains, et qu'il peut, à bon droit, se considérer comme l'élu légitime du peuple mexicain.

Le prince accepte donc l'Empire.

Puis le *Moniteur* reproduit en ces termes les sentiments de reconnaissance exprimés par la députation :

« Cette acceptation entière et absolue est le prélude et doit être, « — avec l'aide de Dieu — la consécration du salut du Mexique, de sa « renaissance prochaine et de sa future grandeur. »

« A pareil jour, nos enfants élèveront au ciel leurs actions de grâces « pour cette délivrance miraculeuse. »

Qui donc d'entre nous n'aurait pas été subjugué, séduit, convaincu, entraîné par un tel spectacle donné par le *Moniteur* seize jours après le discours de M. le Ministre d'Etat ? — C'est sous l'invocation de Dieu qu'on qu'on proclame la consécration du *salut du Mexique, sa renaissance et sa future grandeur.*

Comme moyens, il faut de l'argent.

Il en faut pour aider l'empire à se fonder, pour l'organiser, pour exploiter les riches mines du pays, pour développer sa fortune et pour l'exonérer des dettes que ses gouvernements ont contractées.

Le 16 avril, le *Moniteur* français publie différents décrets datés de Miramar, le 10, décrets dont voici l'économie :

DÉCRETS DU 10 AVRIL 1864

C'est le 16 avril 1864 que le *Moniteur*, journal officiel du Gouvernement, publie les premiers décrets rendus à Miramar le 10, par l'empereur Maximilien.

L'un de ces décrets institue, à Paris, une commission des finances du Mexique composée de commissaires mexicains, de commissaires français et de commissaires anglais.

C'est M. de Germiny, sénateur, ancien receveur général des finances, ancien gouverneur de la Banque de France, l'une de nos plus pures illustrations financières, qui est choisi comme commissaire français, et qui est nommé président de la commission.

Les autres décrets règlent les conditions du premier emprunt montant à 201,600,000 fr.

On lit dans un de ces décrets un article 5 ainsi conçu :
« Sur le produit de l'Emprunt il sera versé à la Caisse des consignations de France, une somme de 24,192,000 francs pour garantir le paiement des intérêts échéant le 1er octobre 1864, — 1er avril, 1er octobre 1865, et 1er avril 1866. »

Un autre décret nous fait connaître qu'en conséquence d'une convention passée avec le Gouvernement de l'empereur des Français, il sera inscrit au grand-livre de la dette mexicaine, des titres de rentes mexicaines s'élevant à 6,600,000 francs par an, pour être remis à la disposition de Son Excellence le ministre des finances de l'empereur des Français, qui donnera bonne et valable quittance de 60 millions applicable aux stipulations de la convention diplomatique du 10 avril 1864.

Le *Moniteur* du 17 nous fait connaître cette convention, qui, à elle seule, aurait suffi pour rendre notre confiance aveugle.

« Art. 9. — Les frais de l'expédition à rembourser par le Mexique sont fixés à 270 millions pour toute la durée de l'expédition jusqu'au 1ᵉʳ juillet 1864.

« Cette somme produira 3 p. 100. »

« Art 11. — Le Gouvernement français accepte pour 66 millions en titres de l'emprunt mexicain, savoir :

« 54 millions en *déduction de sa créance de 270 millions;*

« Et 12 millions comme à-compte sur les indemnités dues à des Français.

« Pour le paiement du surplus, il est stipulé que le gouvernement mexicain paiera annuellement à la France 25 millions en numéraire, qui ont été portés dans les recettes prévues au budget. »

Qui donc d'entre nous n'aurait pas eu confiance dans la solvabilité d'un pays avec lequel notre Gouvernement fait de semblables stipulations ?

———

Le 18 avril, le *Moniteur* publie, sous la rubrique de Saint-Nazaire :

« Le paquebot le *Tempico* est entré dans le port, il apporte des nouvelles de Vera-Cruz du 19 mars.

« A bord, 152 passagers, les généraux d'Auverger et du Barrail, 300,000 tonnes de marchandises et 3,000,000 de francs en piastres ou barres d'argent.

« L'armée de Juarez n'existe plus, et il est en fuite, il n'y a plus que des bandes de pillards qui paraissent de temps à autre. »

———

D'après le *Moniteur* du 19, « les populations résistent énergiquement aux bandes; de toutes parts elles reviennent dans les centres abandonnés; les maisons sont réparées, les cultures reprises, la sécurité semble rétablie à ce point, que le commandant en chef songe à supprimer les escortes.

« En un mot l'état général du pays va s'améliorant à tous les points de vue. »

« Les travaux du chemin de fer sont poussés partout avec vigueur » (un chemin de fer s'établissait !).

C'est la France qui fait les premiers fonds du chemin de fer de Vera-Cruz à Mexico. Elle paye 3,070,000 francs de premiers frais. (M. Berryer, *Moniteur* du 9 janvier 1864.)

Le *Moniteur* du 24 publie une lettre émanée du palais impérial de Mexico; on y lit : « La campagne intérieure a été une marche triom-
« phale pour l'armée franco-mexicaine; les habitants ont reçu nos
« troupes avec un enthousiasme indescriptible. »

C'est au milieu de tout cela qu'apparaissent dans tous les journaux les annonces intitulées :

EMPRUNT DU MEXIQUE

Emprunt 6 p. 0/0 Anglais-Français,

TARIF D'ÉMISSION 63 FR. POUR 6 FR. DE RENTE

Représentant un Revenu net de 10 p. 0/0.

SOUSCRIPTION

A Paris, AU CRÉDIT MOBILIER

DANS LES DÉPARTEMENTS

Chez tous les Correspondants du CRÉDIT FONCIER.

Or, quels sont les correspondants du Crédit foncier ? — Les receveurs généraux de France et les receveurs particuliers.

A ce propos, M. Berryer, devant le Corps législatif (séance du 10 mai 1864), regrettait qu'on eût laissé employer cette formule « d'*emprunt anglais-français* » parce qu'elle avait pu laisser croire aux populations que l'emprunt avait été émis par l'Angleterre et par la France : mais il est bien certain que cette formule n'a exercé aucune influence sur la souscription.

Il n'en a pas été de même de l'annonce de la souscription chez MM. les receveurs généraux ; ceci avait une autre signification. MM. les receveurs généraux ! c'est le ministère des finances ! c'est pour nous tous le Gouvernement ! puisque c'est son ministre avec tous ses agents de perception.

Cela signifiait, pour nous, qu'il n'y avait pas de risques, et que les souscripteurs seraient exactement payés.

En voici la preuve : c'est que, dans la séance du 10 mai, M. Berryer émettant des doutes, M. le ministre d'Etat toujours victorieux à la tribune répondait :

« Oui, il y a eu pour 9 millions de rente souscrits. Et quant aux 6,600,000 fr., qui ont été remis au Trésor, il ne faut pas douter qu'avec le développement de la paix, avec l'amélioration de la situation actuelle, au moment où l'empereur du Mexique se rendra, au milieu des ovations enthousiastes de la population... (Marques de dénégation sur quelques bancs.) Oui, au milieu des ovations de la population... »

« M. ERNEST PICARD. Rappelez l'armée, s'ils sont si enthousiastes.

« *Une voix.* Attendez, et vous verrez. »

« SON EXC. M. LE MINISTRE D'ETAT. Au milieu des ovations enthousiastes des populations, de la Vera-Cruz à Mexico, je n'en doute pas, le crédit de cet empire se développera, se fortifiera sur les places de Londres et de Paris, et la France pourra réaliser les rentes qu'elle a entre les mains, non pas dans les conditions exceptionnelles rappelées par l'honorable M. Berryer pour les rentes italiennes, mais dans des conditions qui suffiront pour recouvrer la totalité de la somme qui figure, soit au budget de 1864, soit au budget de 1865.

« Cette conviction, je vais essayer de la faire passer dans vos esprits, à l'aide de deux éléments : par l'étude des charges qui grèvent l'emprunt mexicain, par l'étude des ressources que ce pays doit fournir sous une administration régulière.

« L'honorable M. Berryer, faisant le compte de l'emprunt, nous a dit : On retiendra sur le produit de l'emprunt nouveau les sommes nécessaires pour le service, pendant deux années, de l'emprunt contracté, soit 37 millions, les termes de l'emprunt anglais qui s'élèvent à 24 millions, les sommes qui nous sont dues en vertu du traité du 10 avril, qui s'élèvent à 13 millions pour 1864 et à 25 millions pour 1865.

« Enfin, il faudra, a-t-il ajouté, payer l'armée mexicaine, qui coûtera au moins pendant ces dix-huit mois 37 millions. L'empereur du Mexique, avec une ressource de 120 millions, devra en payer 125. Voilà la totalité de son emprunt absorbée.

« Comment pourra-t-il faire face aux exigences administratives et politiques de son pays ?

« Messieurs, lorsque j'ai entendu présenter ce calcul, j'ai fait une première réflexion, c'est que si l'honorable M. Berryer déduit de l'emprunt la somme de 37 millions qui nous sera due et les sommes nécessaires pour servir les arrérages de l'emprunt, ces sommes nous seront d'abord versées. Ce sera donc un premier résultat obtenu. Car nous aurons encaissé les 37 millions qui doivent être prélevés sur le montant de l'emprunt. Je ne comprends donc pas comment l'honorable M. Berryer a pu arriver au déficit, lorsqu'il nous faisait payer d'une manière si exacte. (Très-bien ! très-bien !) »

« M. Jules Favre. 37 millions ne font pas 270 ! »

« S. Exc. M. le ministre d'État. 37 millions ne font pas 270, l'honorable M. Jules Favre a raison, mais s'il avait lu avec attention le traité du 10 avril, il aurait vu que les 270 millions ne sont pas payables dans l'année.

« L'honorable M. Berryer vous a parlé d'un rapport qui aurait été fait par M. Arangoiz, ancien ministre des finances du Mexique. Je ne connais pas ce rapport; je suis assuré que l'insertion au *Morning Post* n'en a pas été autorisée par l'empereur Maximilien. Ce que je sais, c'est que lorsque l'archiduc était à Miramar, il sollicita de tous les hommes qui avaient quelque connaissance de la situation du Mexique les renseignements propres à l'édifier sur les moyens de rétablir le crédit dans ce pays et sur les ressources avec lesquelles il pourrait en diriger le gouvernement.

« Eh bien, le rapport de M. Arangoiz parlait d'un emprunt énorme, savez-vous pourquoi? Parce qu'il voulait rembourser du même coup la totalité de la dette intérieure et de la dette extérieure du Mexique, et vous payer à-compte sur les 270 millions, 200 millions.

« Il voulait en outre organiser dans la Sonora une armée de 25,000 hommes et une exploitation des mines d'argent de ce pays au profit de l'Etat, et il espérait qu'on arriverait ainsi à enrichir considérablement le trésor public du nouvel empire.

« Cette combinaison n'a pas été acceptée par l'archiduc, et le rapport sur lequel on s'est appuyé ici n'a eu aucune espèce de conséquence.

« J'en ai un autre, rédigé aussi par M. Arangoiz qui, par parenthèse, s'étonnait un peu de voir la copie de son premier rapport en la possession de l'honorable M. Berryer; le second a été préparé pour l'hypothèse d'un emprunt moins considérable; il est arrivé à des résultats tout aussi utiles au point de vue des finances françaises et des finances du Mexique.

« Mais ce que ne vous a pas dit l'honorable M. Berryer, c'est que M. Arangoiz évalue le produit mexicain de 20 à 30 millions de piastres, c'est-à-dire de 100 à 150 millions de francs. Est-ce une évaluation exagérée, messieurs ? *Voici ce que les rapports financiers de nos agents nous apprennent après les études approfondies qu'ils ont faites de ces questions :*

« On peut évaluer à 30 millions de piastres les ressources de toute nature sur lesquelles *on peut compter ;* il suffirait, pour atteindre ce chiffre, de 8 millions de piastres à l'impôt foncier, et de 10 millions aux douanes maritimes. Le surplus serait fourni par la capitation ou impôt personnel, les contributions indirectes, y compris les tabacs, l'enregistrement et les domaines, et diverses autres branches de revenu. Avec l'ordre et l'économie dans les finances, les dépenses ne dépasseront pas 20 millions de piastres, et il restera, par conséquent, pour faire face à l'intérêt de l'emprunt, au moins 10 millions de piastres, sans compter les autres ressources dont peut disposer le gouvernement mexicain. »

« Ainsi, il ne s'agit pas seulement d'envisager la situation de l'emprunt, il faut envisager les *ressources annuelles que présente le Mexique.*

« Au moment où le désordre était le plus complet dans ce malheureux pays, sous Juarez, on est arrivé à 14, 17, 18 millions de piastres.

« En 1821, sous Iturbide, à 21 millions de piastres de produits annuels ; et vous croyez qu'il y a quelque témérité à admettre que, sous un gouvernement stable et régulier, on pourra arriver à un accroissement naturel des produits de l'impôt ; lorsque les agents que nous avons au Mexique évaluent à une somme de 30 millions de piastres, ou 150 millions de francs, les revenus à l'aide desquels le Mexique pourra se gouverner et payer sa dette extérieure ? »

« M. Glais-Bizoin. Et être bien exploité !

« M. le ministre d'État. Donc 20 millions de piastres seraient destinés à l'administration et aux charges intérieures du pays, et 10 millions affectés au payement de la dette extérieure.

« Eh bien, examinons.

« D'abord, si le calcul de M. Berryer est juste, le Mexique va être exonéré pendant dix-huit mois ou deux ans de toute espèce de payements à faire en Europe. Vous avez prélevé 37 millions pour deux années d'intérêts de la dette ; vous avez prélevé 24 millions pour les intérêts des bons anglais ; vous avez prélevé 37 millions pour le payement de l'armée mexicaine pendant dix-huit mois, et l'emprunt se trouve épuisé par ces divers emplois. Les 10 millions de piastres qui devaient être employés, d'après nos agents financiers, au payement des intérêts de la dette étrangère, vont devenir complétement disponibles.

« Y a-t-il donc quelque chose d'extraordinaire à calculer qu'ayant ainsi couvert par l'emprunt, pendant deux années entières, les charges extérieures qui lui incombent, l'empereur du Mexique puisse arriver, avec l'ordre et la régularité, à prélever sur ses 10 millions de sujets les 150 millions nécessaires pour rétablir la prospérité de ses finances ? (Marques d'approbation.)

« Ainsi, qu'on laisse de côté le rapport de M. Arangoiz ; on en a oublié, on a omis un terme qui était le plus considérable : le revenu annuel du Mexique. Ce revenu public formé par la capitation, par l'impôt foncier, par les douanes maritimes qui prennent en ce moment une importance énorme à la Vera-Cruz, n'est certes pas évalué à un chiffre excessif en le portant à 150 millions de francs, c'est-à-dire 15 à 16 fr. par tête et par an.

« Il n'y a donc rien d'effrayant dans la situation qui est faite aux finances françaises par l'utilisation des ressources qui proviennent du Mexique ; et rien ne m'effraye non plus dans les conditions où pourra se trouver l'empereur Maximilien.

« Permettez-moi, pour le prouver plus encore, en terminant ces trop longues observations (Non ! non !) de jeter un coup d'œil sur cette expédition mexicaine, d'en rechercher les enseignements et les espérances légitimes.

« Quoi ! dans ce golfe du Mexique où nous avions des intérêts commerciaux et maritimes si considérables, dans les républiques duquel plus de 200,000 de nos concitoyens font un commerce fructueux et utile à la métropole française, nous sommes allés pour venger nos injures et protéger nos nationaux !

« L'entreprise paraissait facile ; elle devait être exécutée par trois grandes puissances européennes. L'isolement est venu.

« Nous ne nous sommes pas attardés à de vaines récriminations ; nous n'avons pas voulu accepter ces réparations éphémères, décriées, impuissantes, qui, dans d'autres temps, avaient été offertes aux gouvernements d'Europe ; nous étions résolus, dès la première heure, à marcher sur Mexico, si la nécessité nous en était imposée par le soin de notre honneur et l'intérêt de nos compatriotes. Eh bien, malgré l'échec d'un jour et ses cruelles tristesses, malgré d'inévitables lenteurs, malgré des murmures injustes, malgré des blâmes sévères, des critiques passionnées, quelquefois des calomnies ignobles, plus tard, après les combats glorieux, les entrées triomphales, la pacification générale du pays, nous avons marché d'un pas calme dans la voie que nous nous étions tracée dès le début. Le Souverain n'a éprouvé ni des entraves, ni des entraînements, aucune lassitude, aucun découragement, aucune précipitation ; il a poursuivi son œuvre telle qu'il l'avait méditée au début de l'expédition.

« Cette œuvre, c'était le renversement de l'homme qui avait osé l'outrage ; c'était la satisfaction donnée à nos intérêts d'État, aux intérêts de nos concitoyens ; c'était le rétablissement de la paix et de l'ordre dans ce pays ; c'était la réorganisation administrative, financière, militaire, de cette nation si longtemps malheureuse ; c'était l'appel impartial à la volonté libre de chaque citoyen dévoué aux intérêts de sa patrie ; c'était le libre exercice de la volonté nationale déterminant par le sufffrage universel le gouvernement sous lequel elle voulait vivre et par lequel elle voulait être dirigée.

« Voilà l'œuvre que, sans témérité et sans faiblesse, le Souverain a poursuivie à travers tous les obstacles ; et c'est ainsi que cette conduite calme, réfléchie, résolue, est digne à la fois d'un grand gouvernement et d'un grand pays (*Très-bien ! très-bien !*) »

Maintenant, voici en quels termes M. le ministre d'État achève la péroraison de son discours :

« Oui, Dieu bénira cette conquête de la civilisation, et le peuple du Mexique, relevé de ses humiliations, devenu vraiment libre, acclamera dans le même élan d'enthousiasme et de reconnaissance l'empereur du Mexique, l'Empereur des Français auxquels il devra sa glorieuse régénération. (*Très-bien ! Bravo ! Applaudissements répétés.*) »

C'est ainsi que le premier et le deuxième emprunt ont été souscrits chez MM. les receveurs généraux, MM. les receveurs particuliers, les percepteurs des communes et tous les banquiers.

———————

La question, ainsi élucidée, est donc résolue.
Il y a responsabilité du gouvernement. Responsabilité morale ! dit-on. Eh ! qu'importe, si la question se trouve universellement résolue en ces termes, c'est bien plus avantageux pour les souscripteurs ; car une responsabilité morale est une responsabilité qui engage l'honneur.
Or, qui pourrait douter de l'honneur du gouvernement ?
C'est l'honneur de la France !

§ II.

Quant aux banquiers négociateurs des emprunts mexicains, ils peuvent dire, pour se sauver de toute responsabilité, qu'ils ont eu la même foi que nous, iuspirée par les mêmes causes, et qu'ils ne peuvent, pas plus que nous, avoir été trompés.

Si cependant le gouvernement français avait été trompé lui-même par ses représentants au Mexique, par les agents qu'il y a envoyés pour étudier sur place l'esprit du peuple mexicain, ses aspirations, ses tendances et ses vœux ; pour étudier aussi sur place les ressources de toute nature du pays, le chiffre de sa population et ses aptitudes, la richesse et la fécondité du sol, ses ports sur les deux Océans et ses fleuves.

Si le gouvernement avait été trompé lui-même par ses agents !... Mais cela n'est pas supposable et n'est pas possible. Il était, il est encore impossible, par exemple, de suspecter la sincérité de M. Corta, honoré d'une mission du gouvernement au Mexique, quand il vient, dans un discours resté célèbre, dire au Corps législatif :

« Sur la question de savoir quelle est la foi qu'on doit donner à
« l'avenir du Mexique, un Français qui habite la capitale du Mexique
« depuis longues années disait en ma présence : « J'ai vu tant de ré-
« volutions se succéder dans ce malheureux pays, j'ai vu tant de fois
« l'arche du Mexique près de sombrer, et, néanmoins, se relever,
« que, *même* avant l'intervention française, je me disais : le Mexique
« ne peut pas périr.

« En effet, continue M. Corta, député alors, et depuis sénateur,
« au milieu de ses désordres, le Mexique a montré une telle vitalité
« qu'elle présage son avenir. »

L'orateur rend compte des causes de cette vitalité. (Écoutez !)

1° Un territoire trois fois et demi grand comme la France, placé au cœur de l'Amérique, entre le nord et le sud, baigné par deux Océans, sur le chemin du commerce de l'Europe avec le nouveau monde, avec la Californie et l'Australie; un territoire qui, grâce à l'étendue de sa surface sous le ciel des tropiques, possède tous les climats, toutes les températures, tous les produits de la terre réunis au milieu d'une végétation presque partout luxuriante ;

2° Un sous-sol d'une richesse minière connue du monde entier, richesse minière à peine effleurée au commencement de ce siècle ; (ici, M. Corta cite M. de Humboldt et M. Laur, cet ingénieur distingué des mines, que le gouvernement français a envoyé au Mexique, et qui, à toutes les pages de son rapport, témoigne de la variété, de la puissance et de l'abondance des gisements minéraux qui existent au Mexique) ; ce qui fait dire à M. Corta, aux applaudissements de la Chambre, « qu'au point de vue agricole, commercial et industriel, « le Mexique est tout simplement le pays le plus favorisé du globe. »

3° Un peuple d'Indiens patients, tenaces, laborieux, une nation vivace qui, lorsqu'elle se gouvernait elle-même, était florissante, et à laquelle il ne manque qu'un bon gouvernement pour se relever.

4° Une situation financière excellente.

En 1804, un budget de 100 millions sur lesquels les Espagnols réalisaient un bénéfice de 50 millions.

En 1864, un budget de 150 millions, compris le service de la dette.

« Maintenant, ajoute M. Corta, le Mexique offre-t-il des ressources « suffisantes pour faire face à cette dépense de 150 millons ? » L'orateur demande au Corps législatif la permission d'indiquer *seulement quelques-unes* de ces ressources pour démontrer que celles d'entre elles, susceptibles d'être réalisées, *sont plus que suffisantes* pour couvrir ce budget de 150 millions.

1° Le revenu des douanes, en 1857, était porté à 80 millions ; mais depuis que les ports du Mexique ont reçu une nouvelle vie, depuis que l'Australie et la Californie se sont révélées au monde, les hommes les plus compétents estiment que les ports du Pacifique sont susceptibles de rapporter 25 ou 30 millions par an. »

« Ainsi, l'ensemble des revenus des douanes, d'après des autorités prises au Mexique, d'après d'anciens ministres des finances, pourrait s'élever, moyennant une bonne organisation, à plus de 100 millions ; » et M. Corta entre dans des considérations personnelles pour certifier les autorités par lui citées.

Pour recettes 100,000,000

2° Une autre branche de revenus du Mexique, c'est l'impôt foncier.

Un ancien ministre estime que chaque habitant consomme *par jour trente centimes,* ce qui pour 8 millions d'habitants donnerait un produit annuel de 876 millions. Il porte les consommations du bétail et les productions exportées telles que café, cacao, cochenille, indigo, coton, sucre et tabac à 465 millions, total 1341 millions.

L'impôt foncier n'était que de 3 francs par 1,000 de la valeur de la propriété rurale, et de 4 francs pour 1,000 francs de la valeur de la propriété urbaine.

Cet impôt était si mal établi, qu'un domaine près d'Orizaba rapportant 575,000 francs de revenu, n'était imposé que pour 750 francs.

Aujourd'hui l'impôt tel qu'il doit être appliqué est de 10 pour 0/0 du revenu pour la propriété productive, et pour les propriétés non cultivées, il est de 6 francs pour 1,000 francs de la valeur.

Lorsque cet impôt sera organisé, en faisant la part des services provinciaux, on peut en espérer.................. 50,000,000

Soit avec les 100,000,000 de douanes, ci......... 100,000,000

150,000,000

3ᵉ branche de revenu, le tabac.

Sous le gouvernement espagnol, cet impôt produisait 25 millions; il a été tour à tour supprimé, rétabli et puis supprimé. Son rétablissement peut procurer une grande ressource........................... *Mémoire.*

4º Quant aux mines, on sait que l'exportation des métaux précieux est de 100 à 120 millions par an. L'impôt est de 20 pour 0/0.

20 pour 0/0 par 100 millions, c'est.............. 25,000,000

175,000,000

Voilà les ressources financières que M. Corta présente comme réalisables. Ensuite il examine l'état de la dette mexicaine.

« Elle est double, dit-il, il y a la dette intérieure et la dette extérieure.

« Quant à la dette extérieure, son service jusqu'à l'époque de l'intervention était fait au moyen de prélèvements consentis sur certains revenus de douanes.

« Depuis l'intervention une modification a été faite dans la dette anglaise et dans la dette française.

« Quant à la dette anglaise, les bons émis en 1851 ont été

reconnus dans l'emprunt du 10 avril 1864 et le service des intérêts de cette dette est assuré pour 2 ans. »

« Quant à la dette française, elle a été fixée par la convention de Miramar pour le service jusqu'au 1ᵉʳ juillet à 270 millions. Il a été fait face à la dette française jusqu'à concurrence de 54 millions, au moyen de la remise des titres de l'emprunt mexicain *au pair*. Ils sont donc dans le portefeuille de M. le ministre des finances (1). »

Rien de tout cela n'a été ni contesté ni mis en doute dans la grande majorité du Corps législatif.

Comment donc aurions-nous dû ne pas y croire?

Au rapport de M. O'Quin publié par le *Moniteur* du 12 avril 1865, M. le ministre d'Etat avait déclaré devant la commission du budget « que les espérances du gouvernement s'étaient pleinement confirmées »; et la commission rendant compte de ce qui s'est passé dans son sein, ajoutait confiante :

« Enfin le gouvernement est autorisé à penser que des négocia-
« tions sont ouvertes (au commencement de 1864) par l'archiduc
« pour la réalisation d'un emprunt important : la richesse de son
« nouvel empire et le rétablissement d'un état de choses régulier
« favoriseront cette combinaison,

« Et sont pour la France UN GAGE DU RECOUVREMENT DE SES AVANCES. » (*Moniteur* du 12 avril 1864.)

Quoi de plus convaincant pour les souscripteurs ?

Et cependant si le gouvernement avait été trompé !

Si cette puissance et les ressources du Mexique n'avaient été qu'imaginaires, dans les rapports de ses agents (suppositions inadmissibles);

Eh bien il serait encore responsable, et non pas les banquiers négociateurs ; parce qu'un gouvernement ne doit pas être trompé et que s'il l'est, c'est le pays tout entier avec lui qui est dans l'erreur.

Mais l'erreur des gouvernements ne doit être préjudiciable à personne, et lorsqu'elle a été commise dans l'exercice régulier de leurs pouvoirs, elle engage tout le monde ; et voilà pourquoi les contribuables sont engagés dans la responsabilité des

---

(1) Il faudra bien qu'ils reviennent au pair.   (FORFELIER.)

gouvernements, c'est que les gouvernements sont leurs mandataires·

De quelle manière doit se traduire cette responsabilité?

A défaut de pouvoir obliger le Mexique à l'accomplissement de ses obligations, il est bien certain qu'il est dû une indemnité.

Le pouvoir d'obliger le Mexique à exécuter ses contrats, regarde le gouvernement seul. Il a déjà pris des mesures pour cela ; la convention franco-mexicaine qui vient d'être publiée en est la preuve : par cette convention le Mexique abandonne une partie de ses revenus pour payer les intérêts des obligations que nous avons souscrites, et pour payer ce qu'il doit au Trésor.

Quant à l'indemnité éventuelle, se serait au gouvernement, d'accord avec le pouvoir législatif, à la fixer.

Mais nous avons pour garantie de l'une ou l'autre de ces alternatives,

La sollicitude du gouvernement pour nos intérêts, sa loyauté, sa sagesse, sa justice et sa force.

C'est pour cela qu'il faut répéter avec confiance :

Le Mexique paiera ; à défaut de quoi, le Gouvernement étant engagé,

La France indemnisera.

Délibéré à Mantes, le 1er Octobre 1866.

FORFELIER,

AVOCAT-AVOUÉ.

55643   Imprimerie RENOU et MAULDE, rue de Rivoli, 144.

www.ingramcontent.com/pod-product-compliance
Lightning Source LLC
Chambersburg PA
CBHW060911050426
42453CB00010B/1665